Impressum

Verlag: BABADADA GmbH, Nedderfeld 112 , 22529 Hamburg

Geschäftsführer / Verlagsleitung: Harald Hof

Druck: Books on Demand GmbH, In de Tarpen 42, 22848 Norderstedt

Imprint

Publisher: BABADADA GmbH, Nedderfeld 112 , 22529 Hamburg, Germany

Managing Director / Publishing direction: Harald Hof

Print: Books on Demand GmbH, In de Tarpen 42, 22848 Norderstedt

قوتابخانە

school

پۆل
classroom
دابەشکردن
divide
186/2
تەختە
board
مامۆستا
teacher
کاغەز
paper
نووسین
write
پێنووس
pen
مێزی نووسین
desk
خەتکێش
ruler
کتێب
book
خوێندکار
pupil

چەواڵ

satchel

جانتای پێنووس

pencil case

پێنووس

pencil

تیژکەرەوەی پێنووس

pencil sharpener

ڕەشکەرەوە

rubber

پەدی نیگارکێشان

drawing pad

نیگارکێشان

drawing

فڵچەی ڕەنگ

paintbrush

قوتووی ڕەنگ

paint box

مەقەست

scissors

چەسپ، کەتیرە

glue

کتێبی ڕاهێنان

exercise book

کاری ماڵەوە

homework

12

ژمارە

number

2+2

زیدەکردن

add

5−2

کەمکردن

subtract

2×2

لێکدان

multiply

حسابکردن، ژماردن

calculate

A

پیت

letter

ABCDEFG
HIJKLMN
OPQRSTU
VWXYZ

ئەلفوبێ

alphabet

hello

وشە

word

نووسراوە، دەق
....
text

خوێندنەوە
....
read

گەچ
....
chalk

خول، دەرس
....
lesson

تۆمارکردن
....
register

ئەزموون، تاقیکردنەوە
....
examination

بڕوانامە
....
certificate

جلی قوتابخانە
....
school uniform

پەروەردە
....
education

زانیاری نامە
....
encyclopedia

زانکۆ
....
university

میکرۆسکۆپ
....
microscope

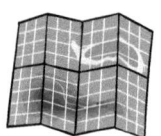

خەریتە، نەخشە
....
map

سەبەتەی کاغەز
....
waste-paper basket

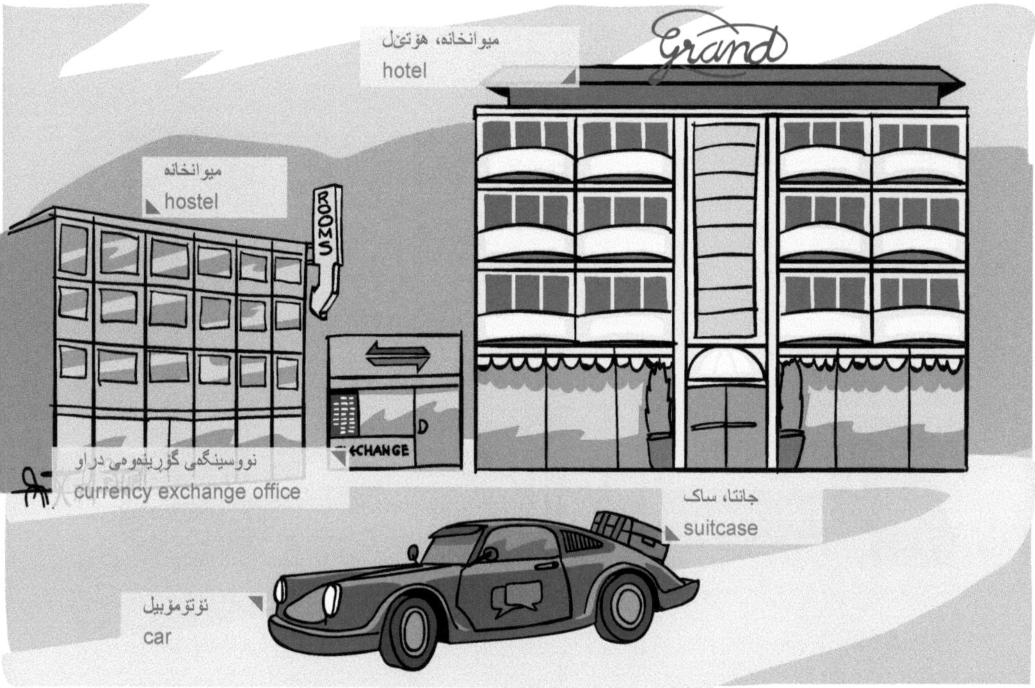

Grand
میوانخانە، هۆتێل
hotel
میوانخانە
hostel
ROOMS
EXCHANGE
نووسینگەی گۆڕینەوەی دراو
currency exchange office
جانتا، ساک
suitcase
ئۆتۆمۆبیل
car

زمان

language

بەڵێ / نەخێر

yes / no

باشە

Okay

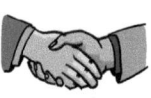

سڵاو

hello

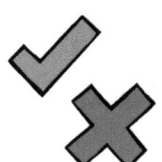

وەرگێڕی دەق

translator

سپاس

Thank you

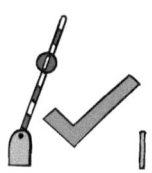

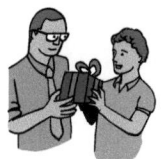

بەچەندە ...؟

....

how much is...?

من تێناگەم

....

I don´t get it

کێشە

....

problem

ئێوارە باش!

....

Good evening!

بەیانی باش!

....

Good morning!

شەو باش!

....

Good night!

ماڵئاوا، بەخێرچی

....

goodbye

ئاراستە، ڕێڕەو

....

direction

جانتا

....

luggage

جانتا

....

bag

کۆڵەپشتی

....

backpack

میوان

....

guest

ژوور، دیو

....

room

کیسەخەو

....

sleeping bag

چادر، دەوار

....

tent

زانیاری بۆ گەشتیار

tourist information

کەناراو

beach

کارتی قەرز

credit card

نانی بەیانی

breakfast

نانی نیوەڕۆ

lunch

نانی شەو

dinner

بلیت

Ticket

ئاسانسۆر

elevator

پوول، تەمر

stamp

سنوور

border

گومرک

customs

باڵیۆزخانە

embassy

ڤیزا

visa

پاسەپۆرت

passport

گواستنەوە
transport

airplane
کەشتی
ship
مەکینەی ئاگرکوژێنەوە
fire truck
پاس
bus
لۆری
truck
بەلەمی ماتۆڕی
motorboat
دووچەرخە، پایسکل
bike
ئۆتۆمۆبیل
car

کەشتی گواستنەوە
....
ferry

بەلەمی ماتۆڕی
....
boat

ماتۆڕ
....
motorbike

ئوتومبێلی پۆلیس
....
police car

ئوتومبێلی پێشبڕکێ
....
racing car

ئۆتۆمۆبیلی کرێ
....
rental car

ئۆتۆمۆبیل هاوبەشکردن

....

car sharing

لۆری ڕاکێشکردن

....

tow truck

لۆری زبڵ

....

garbage truck

ماتۆڕ

....

engine

سووتەمەنی

....

fuel

وێستگەی بەنزین

....

fuel station

تابلۆی هاتووچۆ

....

traffic sign

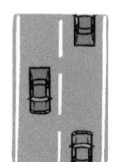

هاتووچۆ

....

traffic

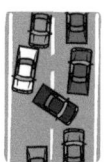

ترافیک

....

traffic jam

شوێنی ڕاگرتنی ئۆتۆمۆبیل

....

parking lot

وێستگەی شەمەندەفەر

....

train station

هێڵی ئاسن

....

tracks

شەمەندەفەر

....

train

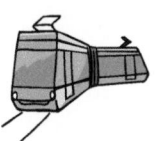

قەتاری سەرشەقام

....

tram

داشقە

....

wagon

هەلیکۆپتەر

helicopter

فرۆکەخانە

airport

بورج

tower

نەفەر

passenger

دەفر ، کانتینەر

container

کارتۆن

carton

داشقە

cart

سەوەتە

basket

هەڵفڕین / نیشتن

take off / land

شار

city

گوند، دێهات

village

ناوەندی شار

city center

ماڵ، خانوو

house

سینەما
movie theater

ڕیکلام
advert

چرای شەقام
street light

CINEMA

شەقام
street

تاکسی
taxi

کیۆسک
snack shop

پیادە
pedestrian

شووتنە
sidewalk

شوێنی پەڕینەوە
zebra crossing

دەفری زبڵ
dumpster

پەڕینەوەی بەردەباز
crossing

چرای ترافیک
traffic lights

خانووچکە
....
hut

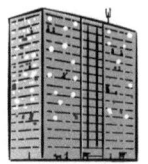

نهۆم، باڵەخانە
....
apartment

وێستگەی شەمەندەفەر
....
train station

کۆشکی شارەوانی
....
city hall

مۆزەخانە
....
museum

قوتابخانە
....
school

زانکۆ

university

بانک

bank

نەخۆشخانە، خەستەخانە

hospital

میوانخانە، هۆتێل

hotel

دەرمانخانە

pharmacy

نووسینگە، فەرمانگە

office

کتێبفرۆشی

book shop

دووکان

shop

گوڵفرۆشی

flower shop

سوپەرمارکێت

supermarket

بازار

market

فرۆشگا

department store

ماسیفرۆش

fishmonger's shop

ناوەندی کڕین

mall

بەندەر

harbor

پارک

park

کورسی درێژ

bench

پرد

bridge

پێ پیلکان

stairs

ژێرزەوی

subway

تونێل

tunnel

وێستگەی پاس

bus stop

مەیخانە

bar

ڕێستورانت

restaurant

سندووقی پۆست

postbox

تابلۆی شەقام

street sign

پێوەری پارکینگ

parking meter

باخچەی ئاژەڵان

zoo

حەوزی مەلە

swimming pool

مزگەوت

mosque

مەزرا

farm

پیسبوونی ژینگە

pollution

قەبرستان، گۆڕستان

cemetery

کەنیسە

church

شوێنی یاری

playground

پەرستگا

temple

دیمەن

landscape

گەڵا
leaf

تابلۆی ڕێنیشاندەر
signpost

ڕێگا
path

مێرگ
meadow

بەرد
stone

دار
tree

شاخەوان
hiker

ڕووبار، چەم
river

گژوگیا
grass

گوڵ
flower

دۆڵ، شیو

valley

بەرزایی

hill

دەریاچە

lake

دارستان

forest

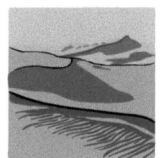

چۆڵەوار

desert

بورکان

volcano

قەڵا

castle

کۆلکەزێرینە

rainbow

کارگ

mushroom

دارخورما

palm tree

مێشوولە

mosquito

مێشوولە

fly

مێرووله

ant

مێش هەنگوین

bee

جاڵجاڵۆکە

spider

قالۆنچە

beetle

بۆق

frog

سمۆرە

squirrel

ژیشک

hedgehog

کەروێشکە کێوی

hare

کوند

owl

باڵەندە

bird

قازی سپی

swan

بەرازی کێوی

boar

ئاسک

deer

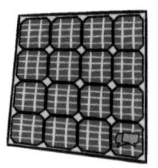

بزنە کێوی

moose

بەنداو

dam

تۆربینی با

wind turbine

پەڕەی خۆری

solar panel

ئاووهەوا

climate

ڕێستۆرانت
restaurant

خزمەتکار
waiter
لیستە، پێڕست
menu
کورسی
chair
سووپ، شۆرباو
soup
پیتزا
pizza
سفرە
tablecloth
چەقۆ و چەتاڵ
cutlery

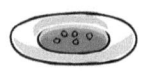

خواردنی دەستپێک

starter

خواردنی سەرەکی

main course

دێسێر

dessert

خواردنەوە

drinks

خواردن

food

بوتڵ

bottle

خواردنی خێرا

....

fast food

خواردنی سەرشەقام

....

street food

قۆری

....

teapot

قوتووی شەکر

....

sugar bowl

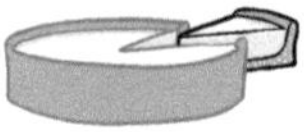

بەش

....

portion

ئامێری سازکردنی قاوەی ئێسپرێسۆ

....

espresso machine

کورسی بەرز

....

high chair

تێچوو

....

bill

کەشەف

....

tray

چەقۆ

....

knife

چنگاڵ

....

fork

کەوچک

....

spoon

کەوچکی چا

....

teaspoon

دەسماڵ

....

serviette

لیوان، پەرداخ

....

glass

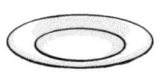

قاپ، دەوری، دەفر

plate

قاپی شۆرباو

soup plate

ژێرپیاڵە

saucer

سۆس

sauce

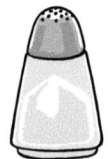

خوێدان

salt shaker

هاڕەری بیبار

pepper mill

سرکە

vinegar

ڕۆن

oil

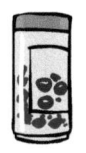

بەهارات

spices

دۆشاوی تەمات، سۆسی تەماتە

ketchup

سۆسی موستارد

mustard

سۆسی مایۆنێز

mayonnaise

سوپەرمارکێت

supermarket

داشکاندنی تایبەتی
special offer
FOR
مشتەری
customer
شیرەمەنی
dairy products
میوە
fruit
داشقە
shopping cart

دووکانی قەسابی

butcher's shop

نانەواخانە

bakery

کێشان

weigh

سەوزی

vegetables

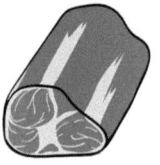

گۆشت

meat

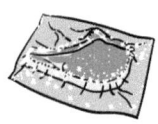

خواردنی بەستوو

frozen food

گۆشتی سارد

cold cuts

خواردنی کۆنسێرو

canned food

دەرمانی بشۆر

detergent

شیرینی

candy

بەرهەمی خۆماڵی

household products

بەرهەمی خاوێنکردنەوە

cleaning products

فرۆشیار

sales representative

ژمێرەر

cash register

ژمێریار، خەزنەدار

cashier

لیستی کڕین

shopping list

کاتی دەوام

opening hours

کیسەباخەڵ، جزدان

wallet

کارتی قەرز

credit card

توورەکە، کیسە

bag

توورەکە

plastic bag

خواردنەوە

drinks

ئاو

water

شەربەت

juice

شیر

milk

خەڵووز

coke

شەراب

wine

بیرە

beer

ئەڵکوڵ

alcohol

کاکاو

cocoa

چایی، چا

tea

قاوە

coffee

قاوەی ئێسپرەسۆ

espresso

کاپۆچینۆ

cappuccino

مۆز

banana

سێو

apple

پرتەقاڵ

orange

کاڵەک

melon

لیمۆ

lemon

گێزەر

carrot

سیر

garlic

حەیزەران

bamboo

پیاز

onion

کارگ

mushroom

سەموونە، گوێز، ناوکە

nuts

نوودڵ

noodles

ماکارۆنی

....

spaghetti

برینج

....

rice

زەلاتە

....

salad

چیپس

....

fries

پەتاتەی برژاو، پەتاتەی سوورۆکراو

....

fried potatoes

پیتزا

....

pizza

هەمبرگێر

....

hamburger

ساندویچ، دۆندرمە

....

sandwich

پارچە گۆشت

....

escalope

گۆشتی بەراز

....

ham

گۆشتی بەراز

....

salami

سۆسیس

....

sausage

مریشک

....

chicken

برژاندن، برژان

....

roast

ماسی

....

fish

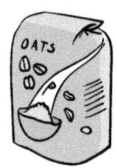

شۆرباوی ساوار

porridge oats

دانەوێڵەی تێکەڵ

muesli

دانەی دانەوێڵە

cornflakes

ئارد

flour

کرۆسانت، نانێکی فەرەنسی

croissant

نانی خڕ

bread roll

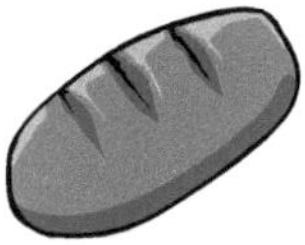

نان

bread

نانی برژاو

toast

بسکیت

cookies

کەرە، ڕۆنی کەرە

butter

سەرتوێژ، توێژ

curd

کەیک

cake

هێلکە

egg

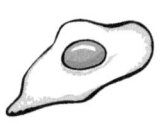

هێلکەی برژاو

fried egg

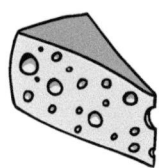

پەنیر

cheese

بەستەنی، دۆندرمە

ice cream

شەکر

sugar

هەنگوین

honey

مرەبا

jelly

خامەی نۆگات

nougat cream

بەهارات

curry

مەزرا

farm

کۆخ (ماڵ لە مەزرا)
تەویلە
barn
کڵۆشی کا
straw bale
مەزرا
field
horse
ماڵی سەفەری
trailer
تراکتۆر
tractor
جوانوو
foal
کەر، گوێدرێژ
donkey
مەڕ
sheep
بەرخ
lamb

بزن
....
goat

مانگا
....
cow

گوێلک
....
calf

بەراز
....
pig

فەرخە بەراز
....
piglet

جوانەگا
....
bull

مەزرا - farm

قاز

goose

مراوی

duck

جووچک

chick

مریشک

hen

کەڵەشێر

cockerel

جرج

rat

پشیلە

cat

مشک

mouse

گا

ox

سە، سەگ

dog

کونە سە

dog house

سۆندە

garden hose

تونگەی ئاودان

watering can

ماڵەغان

scythe

گاسن

plow

داس

....

sickle

مەڕە

....

hoe

شەنە

....

pitchfork

تەور

....

axe

عارەبانەی دەستیی

....

pushcart

دەفری خواردنی ئاژەڵان

....

trough

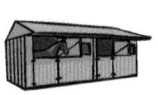

دەفری شیر

....

milk can

تەلیس

....

sack

پەرژین

....

fence

تەویلە

....

stable

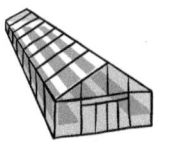

گوڵخانە

....

greenhouse

خۆڵ

....

soil

دەنک، نۆک

....

seed

پەین

....

fertilizer

کۆمباین

....

combine harvester

دروێنەکردن

....

harvest

خەرمان

....

harvest

پەتاتە

....

yams

گەنم

....

wheat

لووبیا، فاسۆلیا

....

soya

پەتاتە

....

potato

گەنمەشامی

....

corn

جۆرێک دەخڵودان

....

rapeseed

داری بەری

....

fruit tree

سێوبنەعەرزیلە

....

manioc

دانەوێڵەی تێکەڵ

....

grain

ماڵ، خانوو
house

دووکەڵکێش
chimney
سەربان
roof
بۆری ناو
downspout
پەنجەرە
window
گەراژ
garage
زەنگی دەرگا
doorbell
دەرگا
door
دەفری زبڵ
trash can
سندووقی نامە
mailbox
باخ
garden

ژووری دانیشتن
living room

حەمام، ئاودەستخانە
bathroom

چێشتخانە
kitchen

ژووی خەو
bedroom

ژووری منداڵ
kids room

ژووری نانخوارن
dining room

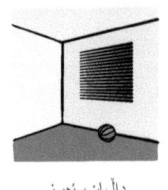

داڵان، ئەرز
....
floor

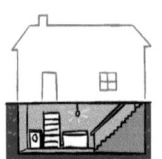

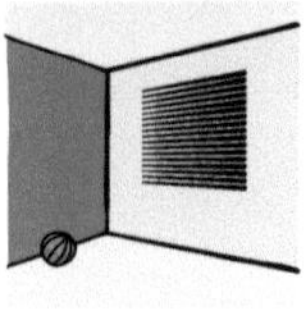

دیوار
....
wall

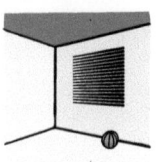

بن میچ
....
ceiling

ژێرزەمین
....
cellar

ساونا
....
sauna

باڵکۆن، هەیوان
....
balcony

هەیوان
....
terrace

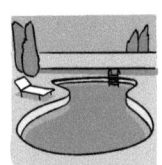

حەوز، مەلەوانگە
....
pool

گژوگیابڕ
....
lawn mower

مەلافە
....
sheet

مەلافەی نوێن
....
bedspread

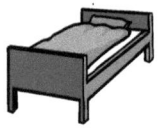

پێخەف، نوێن
....
bed

گسک
....
broom

سەتڵ
....
bucket

سویچ، کلیل
....
switch

ژووری دانیشتن

living room

کاغەزی دیواری
wallpaper
وێنە
picture
لامپ، چرا، گڵۆب
lamp
shelf
cabinet
تەلەفیزیۆن
television
ئاگردان
fireplace
گوڵ
flower
cushion
سۆفا
sofa
گوڵدان
vase
کۆنترۆڵ لە ڕێگەی دوور
remote control

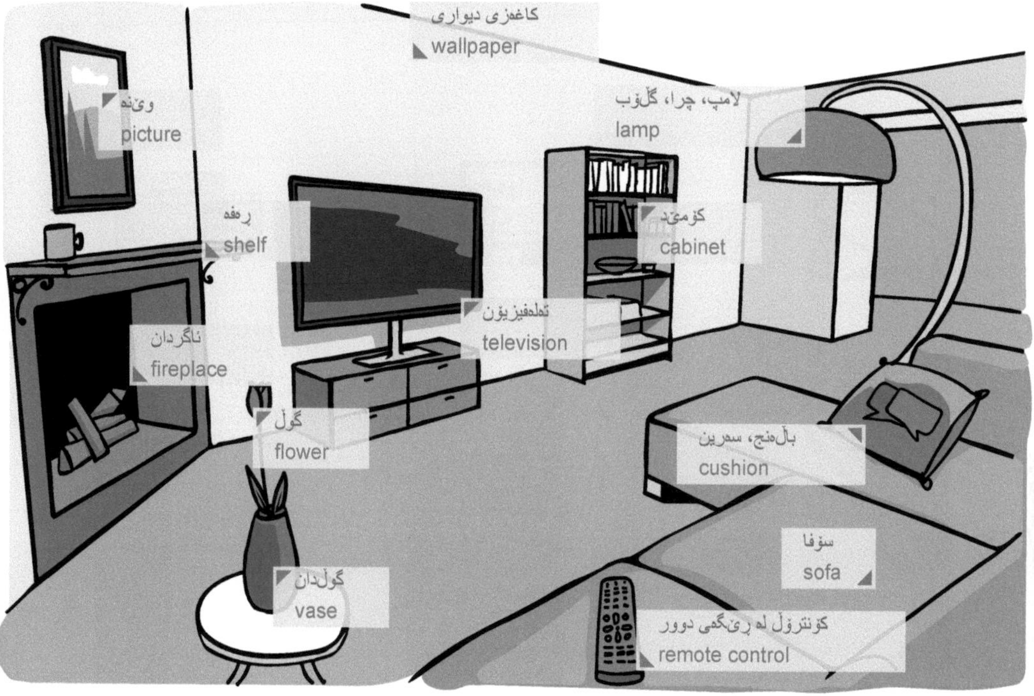

فەرش

carpet

پەردە

drape

مێز

table

کورسی

chair

کورسی ڕاژاندن

rocking chair

کورسی دەسکدار

armchair

کتێب

book

پەتوو، بەتانی

blanket

ڕازاندنەوە

decoration

داری سووتاندن

firewood

فیلم

film

ستێریۆ

stereo system

کلیل

key

ڕۆژنامە

newspaper

نیگار، نیگارکێشان

painting

پۆستەر

poster

ڕادیۆ

radio

تیانووس

notebook

گسکی کارەبایی

vacuum cleaner

کاکتووس

cactus

مۆم

candle

چێشتخانە
kitchen

ساردکەر
fridge
مایکرۆوەیڤ
microwave oven
نان برژێن
toaster
دەرمانی خاوێنکردنەوە
laundry detergent
زۆپا، گاز
stove
بەستێنەر
freezer
دەفری زبڵ
trash can
ئامێری قاپ شۆردن
dishwasher

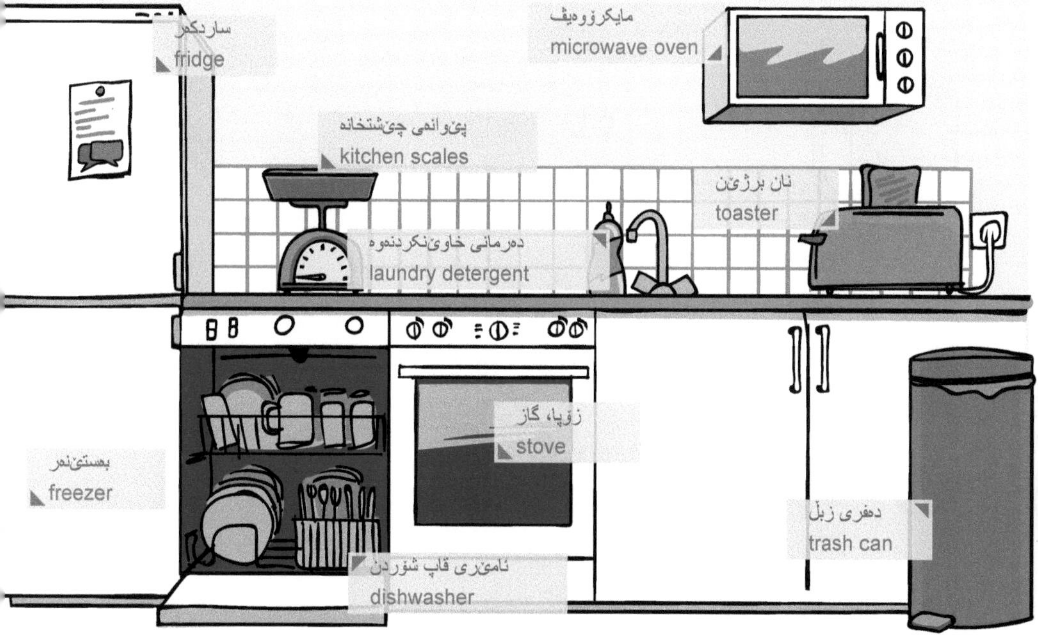

چێشتلێنەر

cooker

مەنجەڵ

pot

قاپی ئوتوو

cast-iron pot

تاوەی قووڵ

wok / kadai

تاوە

pan

کتری، ئاوگەمکەر

kettle

چێشتلێنەری هەڵمی

....

steamer

کەشەفی نانکردن

....

baking tray

قاپ و قاچاغ

....

crockery

کۆپ

....

mug

قاپ

....

bowl

چیلکەی نانخواردن

....

chopsticks

ئەسکوێ

....

ladle

کەوگیر

....

spatula

گسک

....

whisk

سووزمە

....

strainer

بێژنگ

....

sieve

نامێری جنینی پەنیر و سەوزە

....

grater

دەستار

....

mortar

برژاندن

....

barbecue

ئاگر

....

fireplace

تەختەی وردکردن

chopping board

تیرۆک

rolling pin

بورغی فلین

corkscrew

قوتوو

can

قوتووکەرەوە

can opener

دەسرەی مەنجەڵ

oven cloth

دەسشۆر

sink

فڵچە

brush

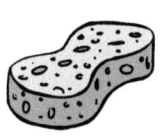

ئیسفەنج

sponge

تێکەڵکەر

blender

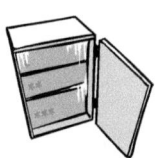

قەرسی

deep freezer

شووشە شیر

baby bottle

شێری ئاو

tap

حەمام، ئاودەستخانە

bathroom

زۆپا/گەرمکەر
heating
دووشی ئاو، خورژم
shower
خاولی
towel
پەردەی حەمام
shower curtain
کەفی حەمام
bubble bath
حەوزی حەمام
bathtub
لیوان، پەرداخ
glass
ئامێری دەفرشوتن
washing machine
tap
کاشی
tiles
ئاودەستی منداڵان
potty
دەسشۆر
sink

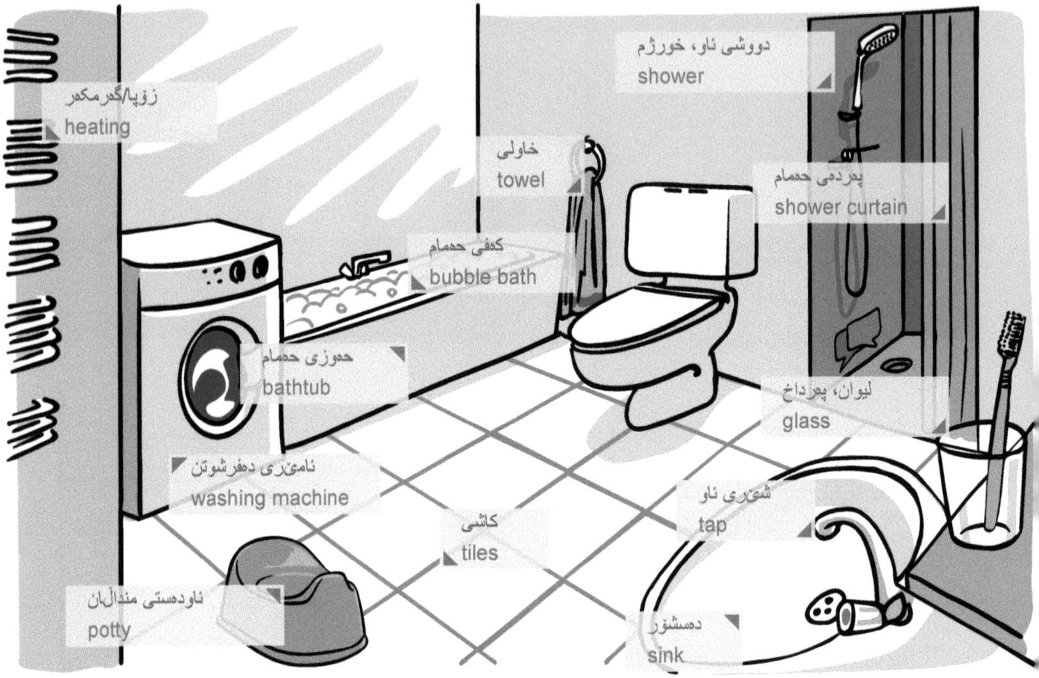

ئاودەست، توالێت

toilet

توالێتی نزم، ئاودەست

squat toilet

جۆرێک توالێت

bidet

توالێت، ئاودەست

urinal

کاغەزی ئاودەستخانە

toilet paper

فڵچەی ئاودەستخانە

toilet brush

فڵچەی ددان
....
toothbrush

خەمیری ددان
....
toothpaste

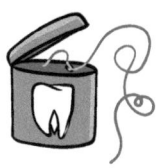

بەنی ددان
....
dental floss

شۆردن، شوتن
....
wash

خورژمی دەستی
....
hand shower

دووش
....
douche

کاسەی دەستوچاوشوتن
....
basin

فڵچەی پشت
....
back brush

سابوون
....
soap

جێڵی خۆشوتن
....
shower gel

شامپۆ
....
shampoo

فلانێل
....
flannel

ئاوەڕۆ
....
drain

کرێم
....
creme

بۆنخۆشکەرە
....
deodorant

ئاوێنه

....

mirror

ئاوێنەی دەستی

....

hand mirror

مەکینەی ڕیش تاشین

....

razor

سابوونی ڕیش تاشین

....

shaving foam

کرێمی دوای ڕیش تاشین

....

aftershave

شانه

....

comb

قڵچه

....

brush

سێشوار، سەرئیشککەرەوه

....

hair-dryer

سپرەی قژ

....

hairspray

سووراوسپیاو

....

makeup

سووراو

....

lipstick

ڕەنگی نینۆک

....

nail varnish

لۆکه

....

cotton wool

مەقەستی نینۆک

....

nail scissors

عەتر

....

perfume

کیسەی حەمام

....

washbag

کورسی بێ پشت

....

stool

پێوەر

....

weighing scales

خاولی حەمام

....

bathrobe

دەستەوانەی چەرم

....

rubber gloves

تامپۆن

....

tampon

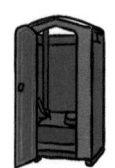

خاولی خاوێنکردنەوە

....

sanitary towel

ئاودەستی کیمیایی

....

chemical toilet

ژووری منداڵ
kids room

سەعاتی زەنگدار
alarm clock
گەمەی شیرن
cuddly toy
ماشێنی یاری
toy car
شەقشەقەی منداڵ
rattle
خانووی بووکەشووشە
doll's house
دیاری
present

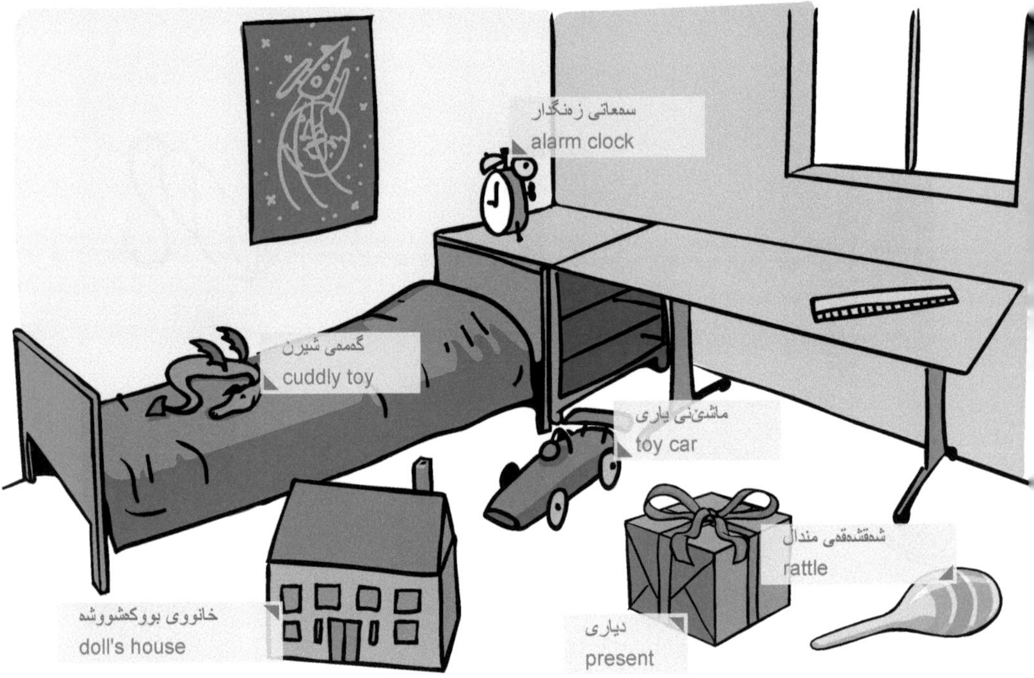

باڵۆن

balloon

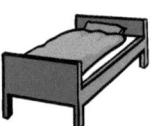

پێخەف، نوێن

bed

داشقەی منداڵ

stroller

گەمەی کارت

deck of cards

مەتەڵ، مەتەڵۆک

jigsaw

کۆمیدی

comic

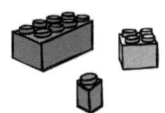

خشتی لێگۆ

lego bricks

خشتی یاری

toy blocks

بووکە شووشە

action figure

جلی منداڵ

romper suit

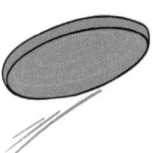

یاری فریزبی

frisbee

بزۆک، جووڵێنراو

mobile

یاری تەختە

board game

مۆرە

dice

مۆدێلی شەمەندەفەر

model train set

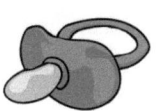

مەمکە مژە

pacifier

میوانی، جەژن

party

کتێبی وێنەدار

picture book

تۆپ

ball

بووکەشووشە

doll

کایە کردن، یاری کردن

play

قوڕتی خیزوخۆڵ

....

sandpit

جۆلانە

....

swing

کایەی منداڵان، یاری منداڵان

....

toys

گەمەی ویدیۆیی

....

video game console

سێچەرخە

....

tricycle

ورچی یاری

....

teddy bear

کەنتۆر

....

wardrobe

جلوبەرگ

clothing

گۆرەوی

....

socks

گۆرەوی درێژ

....

stockings

گورەوی درێژ

....

tights

شاڵی مل
scarf

چەتر
umbrella

کراس
t-shirt

قایش، پشتێن
belt

چەکمە، پۆتین
boots

پێڵاو
sneakers

پێڵاوی ماڵ
slippers

پاپوچ

sandals

کەوش، پێڵاو

shoes

چەکمەی چەرم

rubber boots

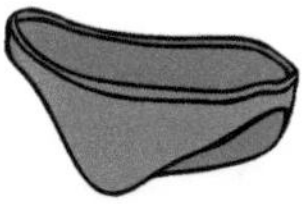

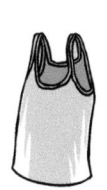

پانتۆڵی ژێرەوە

underwear

ستیان، سوخمە

bra

جلیسقە

undershirt

جەستە، لەش

body

پانتۆڵ

pants

پانتۆڵ

jeans

دامەن، تەنوورە

skirt

کراس

blouse

کراس

shirt

بلووز

pullover

بلووز

sweater

چاکەت

blazer

چاکەت

jacket

باڵتە

coat

بارانی

raincoat

پۆشاک

costume

کراسی ژنانە

dress

جلی زەماوەند

wedding dress

چاکەت و پانتۆڵ

suit

جلی خەو

nightgown

جلی خەو

pajamas

ساری

sari

لەچکە

headscarf

جەمەدانە، سەرپێچ

turban

بۆرکا

burka

کەفتان

kaftan

عەبا

abaya

جل و بەرگی مەلەکردن

swimsuit

پانتۆڵی مەلە

trunks

پانتۆڵی کورت

shorts

جلوبەرگی ڕاهێنان

tracksuit

بەروانکە، بەرکۆشە

apron

دەستەوانە

gloves

دوگمه

button

چاویلکه

glasses

بازنه

bracelet

ملوانکه

necklace

ئەنگوستیله

ring

گواره

earring

کڵاو

cap

داری جل هەڵواسین

coat hanger

کڵاو

hat

بۆینباخ

tie

زیپ

zip

کڵاوی پارێزەر

helmet

هەڵگر

braces

جلی قوتابخانە

school uniform

یەکپۆش

uniform

بەرلیکە، بەرکۆشی مندال
....
bib

مەمکە مژە
....
pacifier

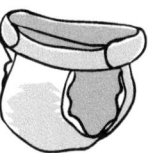

دایبی، پەرۆشۆر
....
diaper

نووسینگە، فەرمانگە

office

دۆلابی بەڵگە
filing cabinet

ڕاژە
server

چاپکەر
printer

مۆنیتۆر، پیشانگەر
monitor

کاغەز
paper

مێزی نووسین
desk

ماوس
mouse

بۆخچە
folder

تەختەکلیل
keyboard

سەبەتەی کاغەز
waste-paper basket

کۆمپیوتەر
computer

کورسی
chair

کۆپی قاوە
coffee mug

ژمێرەر
calculator

ئینتەرنێت
internet

لەپتۆپ
....
laptop

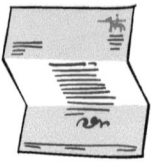

نامە
....
letter

پەیام
....
message

موبایل، تەلەفۆنی دەست
....
cell phone

تۆڕ
....
network

ئامێری لەبەرگرتنەوە، کۆپیکەر
....
photocopier

نەرمەکالا
....
software

تەلەفۆن
....
telephone

ساکێتی دووشاخە
....
plug socket

ئامێری فەکس
....
fax machine

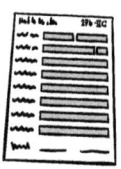

فۆڕم
....
form

بەڵگە
....
document

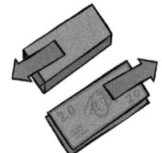

کڕین

buy

پارەدان

pay

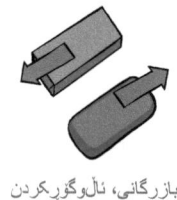

بازرگانی، ئاڵوگۆڕکردن

trade

پارە، دراو

money

دۆلار

dollar

یۆرۆ

euro

یەن

yen

ڕوبڵی ڕووسی

rouble

فرانکی سویسی

Swiss franc

یوان، یەکەی دراوی چینی

renminbi yuan

ڕووپییە

rupee

مەکینەی پارە

cash point

نووسینگەی گۆڕینەوەی دراو

currency exchange office

زێڕ

gold

زیو

silver

نەوت

oil

وزە

energy

بەها، نرخ

price

ڕێکەوتننامە

contract

باج

tax

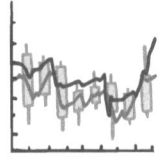

سەهام

stock

کارکردن

work

کارمەند، کارکەر

employee

خاوەنکار

employer

کارخانە

factory

دووکان

shop

ئیشەکان

occupations

فەرمانبەری پولیس
police officer
ئاگرکووژێنەر
fireman
چێشتلێنەر
cook
دکتۆر
doctor
فرۆکەوان
pilot

باخەوان

gardener

دارتاش، مەرەنگوێز

carpenter

خەییات

seamstress

دادوەر

judge

کیمیازان

chemist

شانۆگەر، شانۆکار

actor

شۆفیری پاس

....

bus driver

شۆفیر تاکسی

....

taxi driver

ماسیگر

....

fisherman

کڵفەت

....

cleaning lady

وەستای سەربان

....

roofer

خزمەتکار

....

waiter

ڕاوچی

....

hunter

بۆیاخچی

....

painter

نانکەر

....

baker

کارەباچی

....

electrician

بەننا

....

builder

ئەندازیار

....

engineer

قەساب

....

butcher

وەستای بۆری

....

plumber

پۆستەچی

....

postman

ئیشەکان - occupations

سەرباز

soldier

نەخشەکێش

architect

ژمێریار، خەزەندار

cashier

گوڵفرۆش

florist

ئارایشگەر

hairdresser

گەیێنەر

conductor

میکانیک

mechanic

کەشتیوان

captain

ددانساز، دوکتوری ددان

dentist

زانا

scientist

مەلای جوولەکان

rabbi

ئیمام

imam

کەسی ئایینی

monk

قەشە

pastor

ئامراز و کەرەستە

tools

چەکووش
hammer
پلایز
pliers
پێچبادەر
screwdriver
جەرەبادەر
wrench
مەشخەڵ
torch

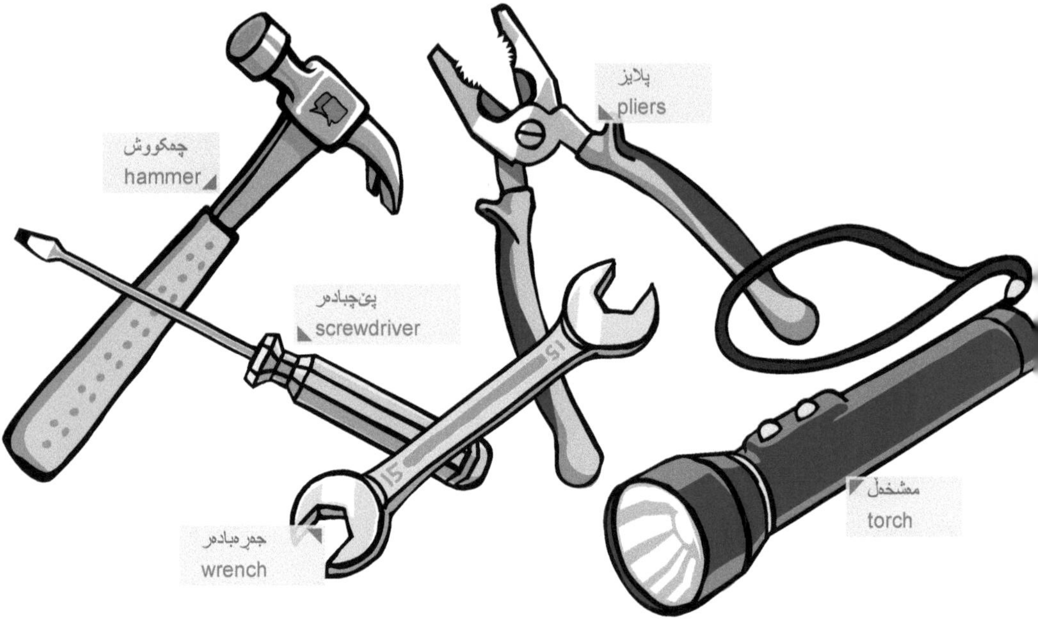

شۆفڵ

excavator

سندووقی ئامراز

toolbox

پەیژە

ladder

مشار

saw

بزمارەکان

nails

کونکەرە

drill

چاککردنەوە

repair

پێمەڕە

shovel

نەفرەت!

Damn!

خاکەناز

dustpan

قتووی بۆیاخ

paint can

پێچەکان، جمڕەکان

screws

ئامێرەکانی مووزیک

musical instruments

تاقمێ تەپڵ
drum set
قسەکەر، بڵندگۆ
loud speaker
گیتار
guitar
جۆرێ گیتار
double bass
زوڕنا
trumpet

پیانۆ

piano

کەمانچە

violin

گیتار

bass

دەهۆڵ

timpani

تەپڵ

drums

تەختەکلیل

keyboard

ساکسافۆن

saxophone

فلووت، شمشاڵ

flute

مایکرۆفۆن

microphone

58 ئامێرەکانی مووزیک - musical instruments

باخچەی ئاژەڵان

ناڤدەر، دەروازە
entrance
tiger
قەفەز
cage
کەرەکێوی
zebra
خواردنی ئاژەڵان
animal feed
ورچی پاندا
panda

ئاژەڵەکان
....
animals

فیل
....
elephant

کانگۆرۆ
....
kangaroo

کەرکەدەن
....
rhino

گۆریلا
....
gorilla

ورچ
....
bear

وشتر

....

camel

وشترمریشک

....

ostrich

شێر

....

lion

مەیموون

....

monkey

فڵامینگۆ

....

flamingo

تووتی

....

parrot

ورچی جەمسەری

....

polar bear

پێنگوین

....

penguin

قرش، سەگەماسی

....

shark

تاووس

....

peacock

مار

....

snake

تیمساح

....

crocodile

پارێزەری باخچەی ئاژەڵان

....

zookeeper

سەگی دەریایی

....

seal

پڵینگ

....

jaguar

ئەسپی قەزەم
....
pony

پشیلەی پڵینگی
....
leopard

ئەسپی ئاوی
....
hippo

زەرافە
....
giraffe

هەڵۆ
....
eagle

بەرازی کێوی
....
boar

ماسی
....
fish

کیسەڵ
....
turtle

واڵڕاس، ئاژەڵێکی دەریایی
....
walrus

ڕێوی
....
fox

ئاسک
....
gazelle

وەرزش

sports

تۆپیپێی ئەمریکی
American football
دووچەرخەلێخوڕین
cycling
تێنیس
tennis
تۆپی باسکە
basketball
مەلەکردن
swimming
بۆکسین
boxing
هۆکی سەر سەهۆڵ
ice hockey

فووتبۆڵ
....
soccer

بەدمینتۆن
....
badminton

وەرزشوان
....
athletics

هەندباڵ
....
handball

خلیسکێن
....
skiing

پۆلۆ
....
polo

چالاکیەکان

activities

پێکەنین
laugh
بازکردن
jump
لەباوەشگرتن، لەئامێزگرتن
hug
بەڕێداڕۆیشتن، پیاسەکردن
walk
گۆرانی خوێندن
sing
خەون دیتن، خەون بینین
dream
پاڕانەوە، نوێژکردن
pray
ماچکردن
kiss

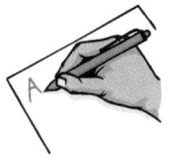

نووسین

write

وێنەکێشان

draw

نیشاندان

show

پاڵ پێوەنان

push

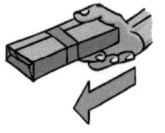

دان

give

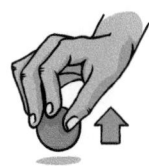

هەڵگرتن

take

هەبوون

have

کردن

do

بوون

be

ڕاوەستان

stand

هەڵاتن

run

کێشان

pull

هاویشتن

throw

کەوتن

fall

درۆکردن

lie

چاوەڕێبوون

wait

هەڵگرتن

carry

دانیشتن

sit

جل لەبەرکردن

get dressed

خەوتن

sleep

لەخەوهەستان

wake up

چاولێکردن

....

look at

گریان

....

cry

جەڵتەلێدان

....

stroke

قژداهێنان، شانەکردن

....

comb

قسەکردن

....

talk

تێگەیشتن

....

understand

پرسیارکردن، پرسین

....

ask

گوێڕاگرتن

....

listen

خواردنەوە

....

drink

خواردن

....

eat

ڕێکوپێک کردن

....

tidy up

خۆشویستن

....

love

چێش لێنان

....

cook

شۆفێریکردن

....

drive

فڕین

....

fly

کەشتیوانی

sail

حساب‌کردن، ژماردن

calculate

خوێندنەوە

read

فێربوون

learn

کارکردن

work

زەماوەندکردن

marry

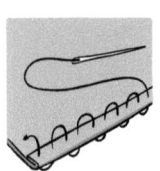

دورین، دورومانکردن

sew

فڵچە لەددان دان

brush teeth

کوشتن

kill

جگەرەکێشان

smoke

ناردن

send

بنەماڵە

family

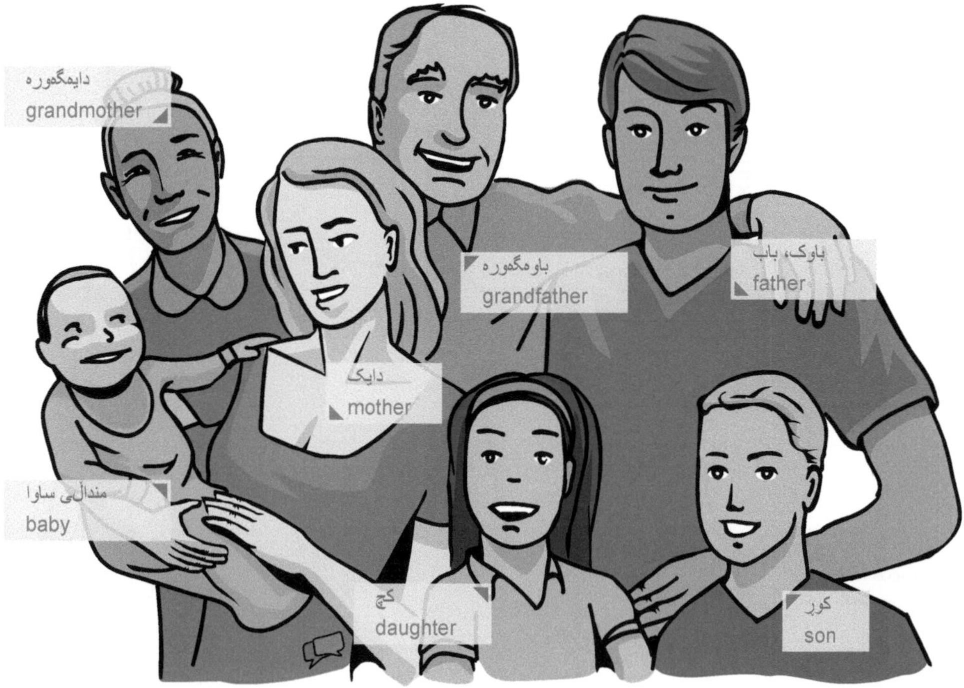

دایمگەورە
grandmother
باوەگەورە
grandfather
باوک، باب
father
دایک
mother
منداڵی ساوا
baby
کچ
daughter
کور
son

میوان

guest

پوور

aunt

مام، خاڵ

uncle

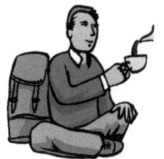

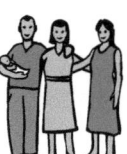

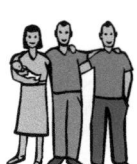

برا

brother

خوشک

sister

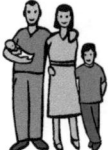

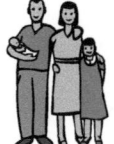

جەستە، لەش

body

ناوچاوان، توێڵ
forehead
چاو
eye
شان
shoulder
قامک
finger
دەموچاو، ڕوومەت
face
چەنە
chin
دەست
hand
لاق
leg
سنگ
breast
باسک، قۆڵ
arm

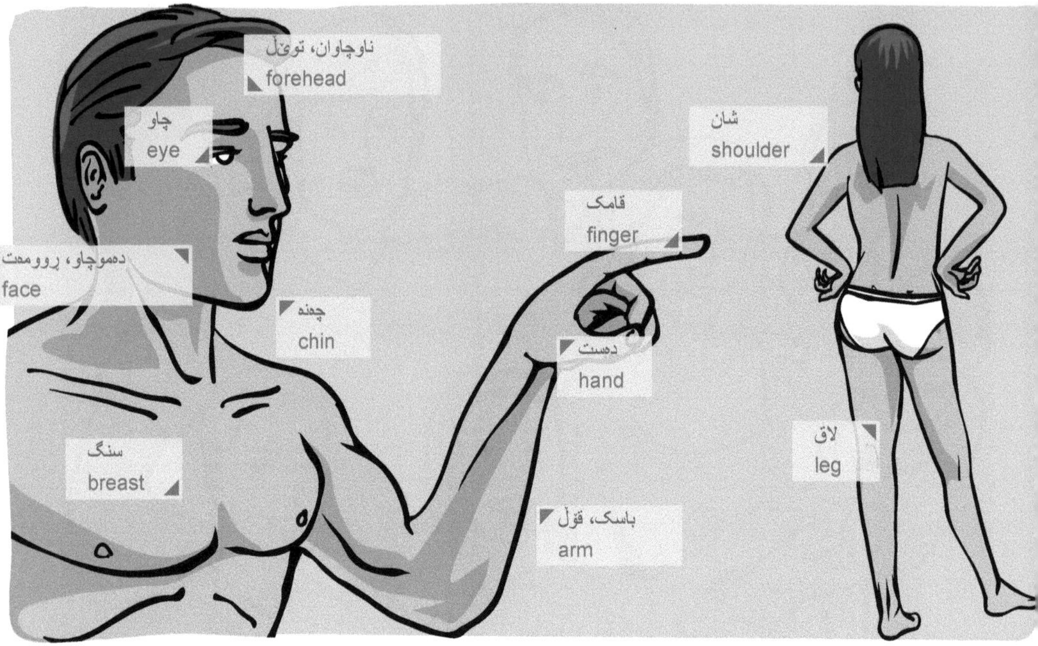

منداڵی ساوا

baby

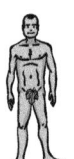

پیاو

man

ژن

woman

کچ

girl

کوڕ

boy

سەر

head

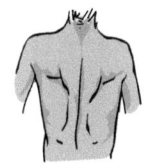

پشت

back

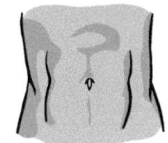

زگ

belly

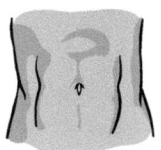

ناوک

navel

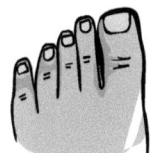

قامکی پێ

toe

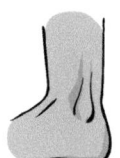

پاژنەی پێ

heel

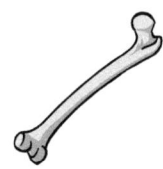

ئێسقان، ئێسک

bone

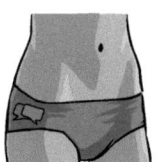

سمت

hip

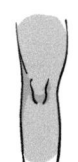

ئەژنۆ

knee

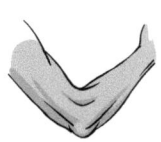

ئانیشک

elbow

لووت

nose

قوون

buttocks

پێست

skin

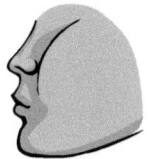

گوپ

cheek

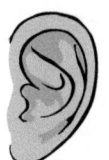

گوێ

ear

لێو

lip

دەم، زار

mouth

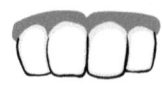

ددان

tooth

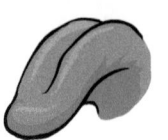

زمان

tongue

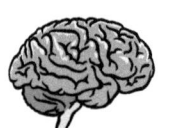

مێشک

brain

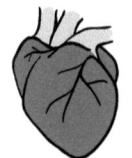

دڵ

heart

ماسوولکە

muscle

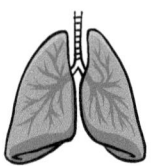

سیپەلاک، سی

lung

جەرگ

liver

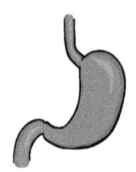

گەدە

stomach

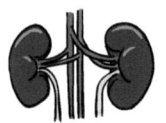

گورچیلە

kidneys

سێکس

sex

کۆندۆم

condom

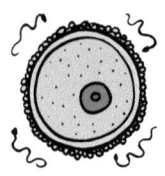

توو، گەرا

ovum

تۆو

semen

دووگیانی

pregnancy

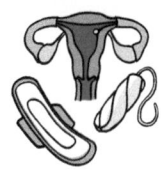

کەوتنە سەر خوێن

menstruation

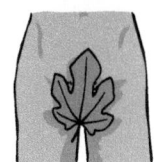

زێ

vagina

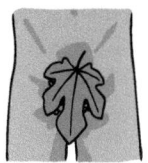

کێر

penis

برۆ

eyebrow

قژ

hair

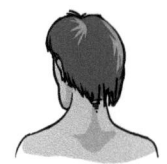

مل

neck

نەخۆشخانە، خەستەخانە

hospital

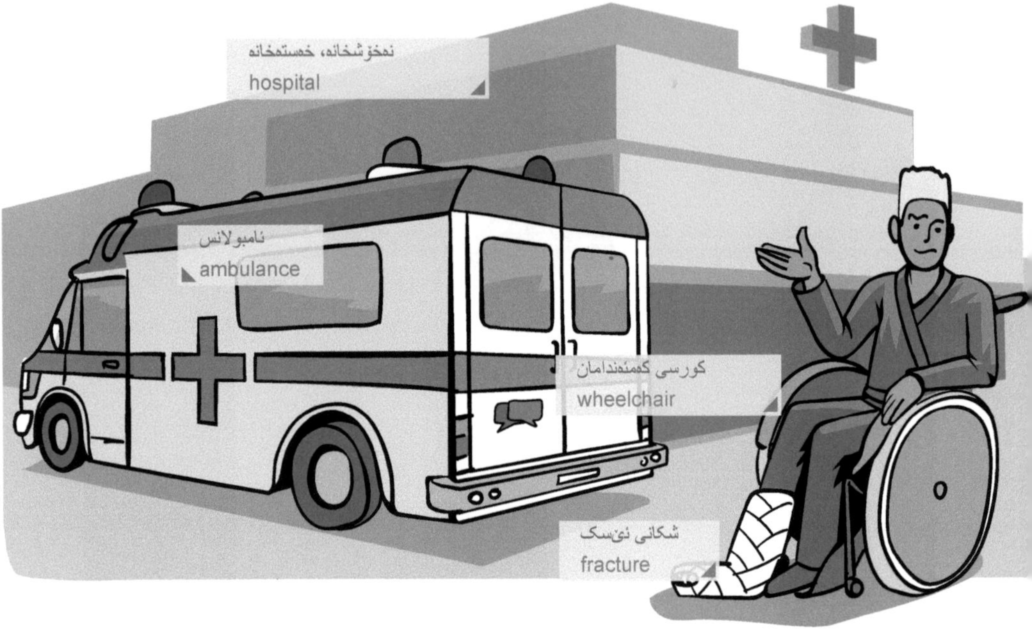

hospital
ئامبولانس
ambulance
کورسی کەمئەندامان
wheelchair
شکانی ئێسک
fracture

دکتۆر

doctor

ژووری فریاکەوتن

emergency room

نەخۆشوان

nurse

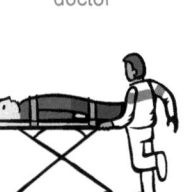

ئورژانس، بەشی فریاکەوتن

emergency

بێهۆش

unconscious

ژان، ئێش

pain

برینداری

injury

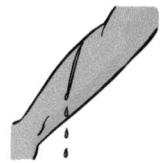

خوێنڕێژی

bleeding

جەڵتەی دڵ

heart attack

جەڵتە

stroke

ئالێرژی، هەستیاری

allergy

کۆخە

cough

تا

fever

ئەنفلۆنزا

flu

زگچوون

diarrhea

سەرێشە، ژانەسەر

headache

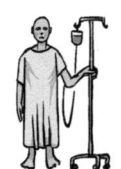

سەرەتان

cancer

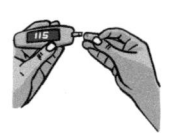

شەکرە

diabetes

نەشتەرگەر

surgeon

نەشتەر، چەقۆی توێکاری

scalpel

نەشتەرگەری

operation

CT

CT

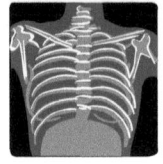

تیشکی ئێکس

x-ray

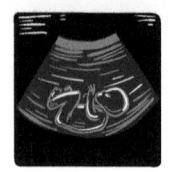

ئوڵتراساوند

ultrasound

ماسکی ڕوومەت

face mask

نەخۆشی

disease

ژووری چاوەڕێبوون

waiting room

گۆچان

crutch

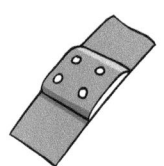

مشەما

plaster

برین پێچ

bandage

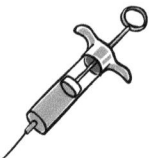

دەرزی لێدان

injection

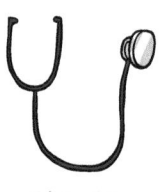

بیستۆکی پزیشک

stethoscope

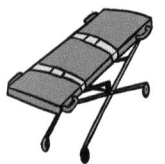

داربەست

stretcher

گەرماپێوی کلینیکی

clinical thermometer

لەدایکبوون

birth

زیادەکێشد/قەڵەویی

overweight

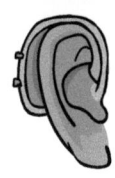

بیستۆک

hearing aid

میکرۆبکوژ

disinfectant

چڵک

infection

ویروس

virus

ئەیدز

HIV / AIDS

دەرمان

medicine

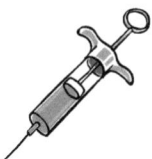

کوتان

vaccination

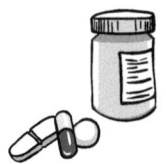

حەب

tablets

حەب

pill

تەلەفۆنی فریاکەوتن

emergency call

پیشانگەری پەستانی خوێن

blood pressure monitor

نەخۆش / سڵامەت

ill / healthy

ئورژانس، بەشی فریاکەوتن

emergency

یارمەتی!

Help!

ئاگادارکردنەوە، ئەلارم

alarm

دەستدرێژی

assault

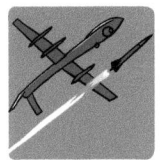

هێرشکردن

attack

مەترسی

danger

چوونەدەرەوەی ئورژانس

emergency exit

ئاگر!

Fire!

ئاگرکوژێنەوە

fire extinguisher

ڕووداو، پێشهات

accident

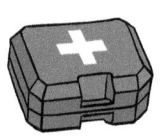

قوتووی یارمەتی فریاکەوتن

first-aid kit

SOS

SOS

پولیس

police

ئەورۆپا

Europe

ئەمریکای باکوور

North America

ئەمریکاری باشوور

South America

ئافریقا

Africa

ئاسیا

Asia

ئوسترالیا

Australia

ئەتڵەسی، ئۆقیانووسی ئەتڵەسی

Atlantic

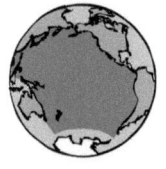

زەریای هێمن

Pacific

ئۆقیانووسی هیندی

Indian Ocean

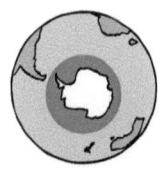

ئۆقیانووسی جەمسەری باشوور

Antarctic Ocean

ئۆقیانووسی جەمسەری باکوور

Arctic Ocean

جەمسەری باکوور

North pole

جەمسەری باشوور

South pole

ناوچەی جەمسەری باشوور

Antarctica

ئەرز، زەوی

earth

خاک، وشكانی

land

دەریا، زەریا

sea

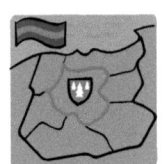

دوورگە

island

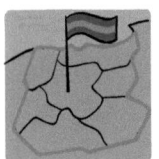

گەل، نەتەوە

nation

وڵات، پارێزگا، دەوڵەت

state

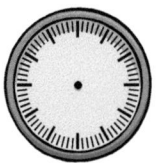

روخساری کاتژمێر

clock face

نیشاندەری کاتژمێر

hour hand

نیشاندەری خولەک

minute hand

دەستی دوو

second hand

کاتژمێر چەندە؟، سەعات چەندە؟

What time is it?

ڕۆژ

day

کات، زەمان

time

ئێستا، هەنووکە

now

کاتژمێری دیجیتاڵی

digital watch

خولەک

minute

کاتژمێر

hour

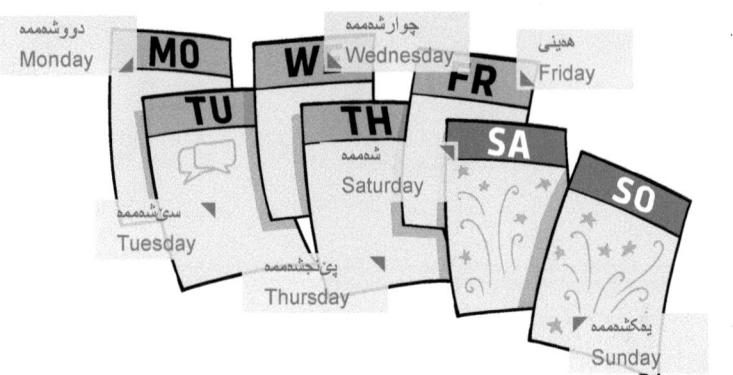

هەفتە

week

دووشەممە
Monday
MO
سێشەممە
Tuesday
TU
چوارشەممە
Wednesday
W
پێنجشەممە
Thursday
TH
هەینی
Friday
FR
شەممە
Saturday
SA
یەکشەممە
Sunday

TUE
MON

دوێنێ
....
yesterday

TUE

ئەمڕۆ، ئەوڕۆ
....
today

TUE

سبەینێ
....
tomorrow

بەیانی
....
morning

نیوەڕۆ
....
noon

ئێوارە
....
evening

ڕۆژی کار
....
workdays

کۆتایی هەفتە
....
weekend

ساڵ

year

باران
rain
کۆلکەزێرینە
rainbow
بازکردن
wind
بەفر
snow
بەهار
spring
هاوین
summer
پاییز
fall
زستان
winter

پێشبینی هەوا

weather forecast

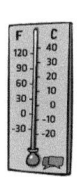

گەرماپێو

thermometer

خۆرەتاو

sunshine

هەور

cloud

تەمومژ

fog

تەڕایی

humidity

هەورەتریشقە، بروسکە

....

lightning

هەورەگرمە

....

thunder

باوبۆران، تۆفان

....

storm

تەرزە

....

hail

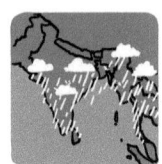

مانسوون

....

monsoon

لافاو

....

flood

سەهۆڵ

....

ice

جانیوەری

....

January

فێبریوەری

....

February

مارچ

....

March

ئەیپریل

....

April

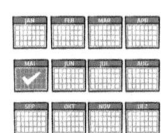

مەی

....

May

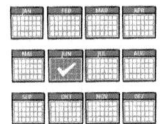

جوون

....

June

جوولای

....

July

ئۆگۆست

....

August

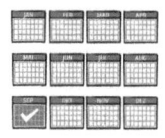

سێپتەمبەر

September

ئۆکتۆبەر

October

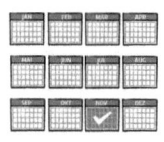

نۆڤەمبەر

November

دێسەمبەر

December

شێوەکان

shapes

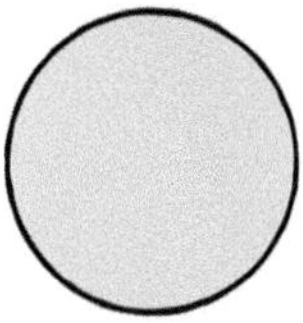

بازنە

circle

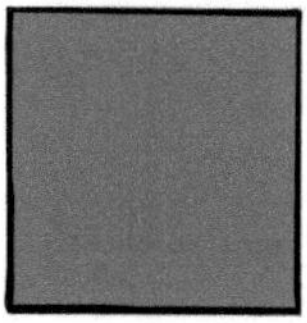

چوارگۆشە

square

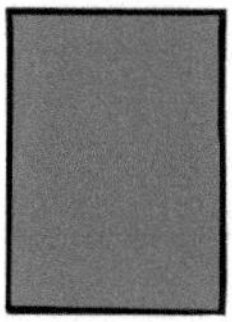

چوارگۆشەی درێژ

rectangle

سێگۆشە

triangle

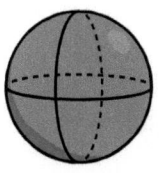

تۆپ، گۆ

sphere

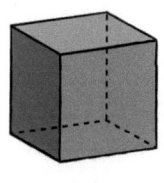

خشتەک

cube

ڕەنگەکان

colors

سپی

white

زەرد

yellow

پرتەقاڵیی

orange

پەمەیی

pink

سوور

red

بنەوش

purple

شین

blue

سەوز

green

قاوەیی

brown

بۆر

gray

ڕەش

black

زۆر / کەم

a lot / a little

تووڕە / لەسەرەخۆ

angry / calm

جوان / ناحەز

beautiful / ugly

سەرەتا / کۆتایی

beginning / end

گەورە / چکۆلە

big / small

ڕووناک / تاریک

bright / dark

برا / خوشک

brother / sister

خاوێن / چڵکن

clean / dirty

تەواو / ناتەواو

complete / incomplete

ڕۆژ / شەو

day / night

مردوو / زیندوو

dead / alive

پان / تەنگ

wide / narrow

خۆش / ناخۆش

edible / inedible

نەگریس / بەبەزەیی

evil / kind

وروژاو / بێزار

excited / bored

قەڵەو / لاواز

fat / thin

یەکەم / ئاخر

first / last

دۆست / دوژمن

friend / enemy

پڕ / خاڵی

full / empty

ڕەق / نەرم

hard / soft

قورس / سووک

heavy / light

برسی / تینوێتی

hunger / thirst

نەخۆش / سڵامەت

ill / healthy

نایاسایی / یاسایی

illegal / legal

زیرەک / گەمژە

intelligent / stupid

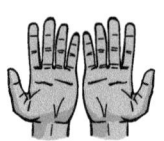

چەپ / ڕاست

left / right

نزیک / دوور

near / far

نوێ / کۆن، بەکارهاتوو

new / used

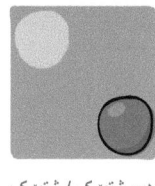

هیچ شتێک / شتێک

nothing / something

پیر / لاو

old / young

هەڵکراو / کوژاوە

on / off

کراوە / داخراو

open / closed

بێدەنگ / دەنگی بەرز

quiet / loud

دەوڵەمەند / هەژار

rich / poor

ڕاست / هەڵە

right / wrong

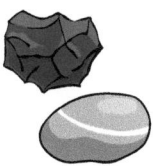

زبر / ساف

rough / smooth

خەمین / خۆشحاڵ

sad / happy

کورت/ درێژ

short / long

هێواش / خێرا

slow / fast

تەڕ / وشک

wet / dry

گەرم / فێنک

warm / cool

شەڕ / ئاشتی

war / peace

ژمارەکان

numbers

0

سیفر

zero

1

یەک

one

2

دوو

two

3

سێ

three

4

چوار

four

5

پێنج

five

6

شەش

six

7

حەوت

seven

8

هەشت

eight

9

نۆ

nine

10

دە

ten

11

یازدە

eleven

12

دوازده

twelve

13

سێزده

thirteen

14

چوارده

fourteen

15

پازده، پانزه

fifteen

16

شازده

sixteen

17

حەفدە

seventeen

18

هەژده

eighteen

19

نۆزده

nineteen

20

بیست

twenty

100

سەد

hundred

1.000

هەزار

thousand

1.000.000

میلیۆن

million

languages

ئینگلیزی

English

ئینگلیزی ئەمەریکی

American English

چینی ماندارین

Chinese Mandarin

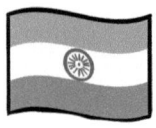

هێندی

Hindi

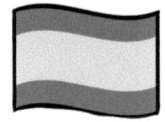

ئیسپانی

Spanish

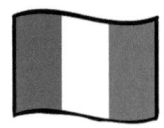

فەرەنسی

French

عەرەبی

Arabic

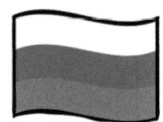

ڕووسی

Russian

پۆرتوگالی

Portuguese

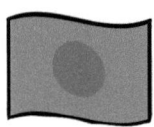

بەنگالی

Bengali

ئاڵمانی

German

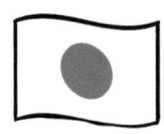

ژاپۆنی

Japanese

کێ / چی / چۆن

who / what / how

من

I

تۆ

you

ئەو

he / she / it

ئێمە

we

ئێوە

you

ئەوان

they

کێ؟

who?

چی؟

what?

چۆن؟

how?

لەکوێ؟

where?

کەنگێ؟ کەی؟

when?

ناو

name

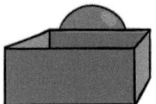

شوێن

where

لەپشت

behind

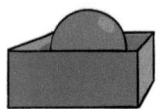

لە

in

لەپێش

in front of

سەری

over

لەسەر

on

ژێر

under

لە تەنیشت

beside

لەنێوان

between

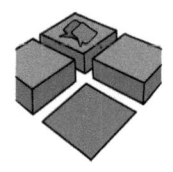

شوێن، جێ

place